Hans Müller-Wiedemann
Nahe dem Engel

Hans Müller-Wiedemann

Nahe dem Engel

Gedichte

Urachhaus

GELEITWORT
Heten Wilkens

In verwirrender, auch verwegener Zeit um 1946 veranstaltete ich mit Freunden in Tübingen eine Studenten-Zeitschrift. Im verwehenden Ruch verbrannter Städte waren unruhig noch die Toten gegenwärtig. Im Kulturleben schien es uns notwendig, die überbordende Zeitkritik der Intellektuellen, die sich lediglich von außen herein über die Verhältnisse aussprach, durch andere Wege auszugleichen. Wir wollten etwas von innen heraus Sprechendes erschließen. Manches aufgezeichnete Wort zur geistigen Lage des Menschen in aktueller Gegenwart vermuteten wir in den Schubläden einiger Zeitgenossen. Diese Stillen im Lande - soeben persönlich der allgemeinen Katastrophe entkommen - sollten angeregt werden, die auffallende Schweigsamkeit aufzugeben. So wurde in jener Zeitschrift ein Lyrik-Preis ausgeschrieben, damals außerordentlich: eine Reise nach Italien. Nach rigorosen Bewertungsgängen quer durch die Fülle offenbar gewordener Produktivität im Verborgenen, gewann ein Student der Medizin den Preis: Hans Müller-Wiedemann. Damals war er zeitgemäß mit souveräner Armut bekleidet: einem verschlissenen Militärmantel und Holzschuhen, mit denen er krachend über den Marmorboden der Alma mater schritt. Darüber hinaus war er bekleidet - und begleitet - durch »unsägliche« Erfahrungen. Obgleich noch nicht durch universitäre Examenspapiere abgesegnet, hatte das Epochengeschick für den Studenten zu kriegsbedingt ärztlichen Erprobungen geführt, die

- würde man sie heute naiv darstellen, bzw. einem verwöhnten jungen Mann gleichen Alters zumuten - unglaublich erscheinen.

Damals galt unser erstes Gespräch der Frage: Wie gewinnt der Mensch in dieser »offenen Zeit« aus freiem Urteilsgang ein die Biographie tragendes Verhältnis zur Welt der Engel. Diese Frage ging aus den Duineser Elegien Rilkes hervor, einem seherischen Dokument, bis dahin so gut wie unbekannt; ebenso »offen« wie die betroffenen Zeitgenossen:

»Wer, wenn ich schriee, hörte mich denn aus der Engel
Ordnungen? und gesetzt selbst, es nähme
einer mich plötzlich ans Herz: ich verginge von seinem
stärkeren Dasein. Denn das Schöne ist nichts
als des Schrecklichen Anfang, den wir noch grade ertragen...
Und so verhalt ich mich denn und verschlucke den Lockruf
dunkelen Schluchzens...«

Das Übermaß der gewaltsam aus dem Leibe, aus unerfüllten Biographien gerissenen Toten schwand damals nicht aus dem erschlossenen Sinn. Lebende Tote und schicksalsgestaltende Engelwirksamkeit verschmolzen fragendem Ahnungsvermögen, kehrten ein in keimende »intellektuelle Anschauung«. Diese Ahnenden unter den Zeitgenossen konnten nicht vom Lasso der mächtig aufkommenden, weltanschaulichen und zivilisatorischen Restauration, gipfelnd in den 50er Jahren, eingefangen werden.

Sie waren längst, jenseits der verzehrenden Feuer, auf einem Weg innerer Wandlungen, der unumkehrbar ist. - Öfter auch berührte das Gespräch zur spezifischen Eigenart und spirituellen Kompetenz lyrischer Äußerung jene Schwelle zur Wirklichkeit, die Gottfried Benn in einem Vortrag »Probleme der Lyrik« mit folgenden Worten ausdrückte:

»Lyrik muß entweder exorbitant sein oder gar nicht. Das gehört zu ihrem Wesen. - Und zu ihrem Wesen gehört auch noch etwas anderes, eine tragische Erfahrung der Dichter an sich selbst: keiner auch der großen Lyriker unserer Zeit hat mehr als sechs bis acht vollendete Gedichte hinterlassen; die übrigen mögen interessant sein unter dem Gesichtspunkt des Biographischen und Entwicklungsmäßigen des Autors, aber in sich ruhend, aus sich leuchtend, voll langer Faszination sind nur wenige - also um diese sechs Gedichte, die dreißig bis fünfzig Jahre Askese, Leiden und Kampf.« Gesammelte Werke 4, Limes Verlag.

Unter hunderten Versen - ein Gedicht! Sollte man also verstummen? - Aber es berührte auch die andere Wirklichkeit, vertraut dem, der Schulungswege realisieren will: Was du nicht aussprichst, bleibt dem Heiligen Geist entzogen. Vom Menschen her gesehen bedeutet »Heiliger Geist« auch heilender Geist. Die Welt gibt sich als Seinsgrund, als Natur im weitesten Sinne zu erkennen im »Vater«. Im »Sohn« offenbart sie sich als schaffender Werdeweg, der menschliche Ich-Schicksale, persönlich und geschichtlich, umfaßt. Die Welt als Beweggrund, als Motiv im weitesten Sinne, als Entwurf, kann erlebbar werden unter dem Signum des »Heiligen Geistes«. Dem heilenden Geist in diesem Sinne sind auch jene zahllosen Verse anvertraut, abgesehen von dem einen Gedicht, das für den Schauenden zwischen ihnen erstrahlt. Manches reift nur unter bergender Erde. Noch ahnt niemand, zu welcher Farbenpracht in den Blüten das unscheinbare Samenkorn befähigt ist - sofern der kritische Eishauch verfremdender Intellektualität dem Keimzustand fernbleibt. Reifen war und ist keine öffentliche Angelegenheit. Wer die langsame Entfaltung unterbrich, wer die Wurzel herausreißt aus dem Schoß der Krume, um gierig auszuspähen, ob da etwas auch wirklich wächst, verstellt sich selbst und dem lyrischen Gebild alle Wege.

Das erwähnte Gespräch währte durch Jahrzehnte. Rudolf Steiner erschien darin: wie auf der Schwelle jener ersten Frage nach der Welt der Engel. Seine Geistgestalt, ein epochaler Auftrag, bestimmte das anthroposophisch orientierte Wirken des Arztes und Heilpädagogen, nachdem der Student - gewissermaßen nachträglich - seine Examen glänzend absolviert hatte.

Wiederum legt Müller-Wiedemann - unterwegs wie dazumal - in diesem Band Gedichte vor: »Nahe dem Engel«. Im Titel ist die doppelte Gebärde erkennbar, die sagt: Diese Gebilde sind aus der Nähe zur Engelwelt zugewachsen; sie sagt auch: Nähere dich deinem Engel. Die Gedichte erwuchsen nunmehr aus künstlerischen Quellen am Saum wissenschaftlicher, ärztlicher und sozialpädagogischer Tätigkeit. Nach innen gewendeten Blicks begleitet das lyrische Gebild eine nach außen gewendete tagausfüllende Leistung - zugewandt leiblich-seelischen und sozialen Krankheitssymptomen. Täglich wird sensibler Scharfsinn für Heilungswege eingesetzt. Wie zum Ausgleich durchklingt das Tagewerk immer wieder Empfang und Formung eines Gedichts. Zur Veröffentlichung waren diese Gebilde nicht bestimmt. Doch weht in ihren Atemzügen eine Stimme, die von Toten und Engeln, von imaginativen Impressionen durchklungen ist, erwacht an eindringlichen Welt-Erfahrungen. Eine auf neue Weise in der Gegenwartskultur freigesetzte Sensibilität könnte sich ihnen zuneigen, wie es 1946, freilich unter sehr anderen Voraussetzungen, der Fall war.

Zusammenklingend mit dem Lesen dieser dichterischen Ernte am Wege traten Bildekräfte aus den künstlerischen Entfaltungsgängen dieser Zeit vor mein inneres Auge, die zum Geleit angedeutet werden sollen. Vorweg: In lyrische Bildungen kann man nicht »einführen«. Jeder echt be-troffene Leser tritt mit der Wahrnehmung eines Gedichts in einen Lebens-Raum ein, den er zusammen mit dem Autor neu hervorbringt; anders bliebe dieser Raum verschlossen. Der Leser tritt in ein Haus, sofern sein Schlüssel die Tür zu öffnen vermag. Wie er darin lebt, was er im Tageslicht durch die Fenster; was er im Geweb seiner nächtlichen Träume wahrnimmt, das wird bei jedem Besucher eigentlich, also anders sein. Doch die Ausdrucksmittel gehen in einer Epoche, wie etwa der des

20. Jahrhunderts, durch Veränderungen, die skizzenhaft nachzuzeichnen versucht werden sollen. Die nur zögernd angesprochene Ortung des im Gedicht jeweils eminent Persönlichen in ein umfassenderes biographisches Element - das Jahrhundert - könnte zur Begleitung der vorliegenden Gedichte dienlich sein.

Für das künstlerisch fortschreitende Gestalten ist der Eingang des 20. Jahrhunderts durch den Mut zur *Dekomposition* des Wahrnehmbaren gekennzeichnet. Mehr oder weniger bewußt zielt das Streben im künstlerischen Gestalten dahin, Endzustände zu überwinden. Je nach Art des Zugriffs erscheint die zuvor heile, doch abgeschlossene Welt in Teilaspekte zerlegt. Gerade in diesen wird zuweilen das hintergründige Urbild beschworen: göttliche Komposition in gesteigerter Offenbarung. Die bekannte Dissertation von Wilhelm Worringer (1908), mit deren Erscheinen der Expressionismus das Bewußtsein seiner selbst begründete, leitete die Öffnung der gegebenen Wahrnehmungswelt nach zwei Seiten für eine gestalterische Bewältigung ein. Sie sind im Titel markiert: »Abstraktion und Einfühlung«. Im Fortgang der Entwicklung traten nach den beiden perspektivischen Möglichkeiten zwei Erlebnis-Extreme auseinander. Sie gehören indessen in einen Zusammenhang, wenn auch im Geheimniszustand der noch werdenden künstlerischen *Komposition*. In der bildenden Kunst sind die Signale deutlicher erkennbar; aber auch die Lyrik spiegelt die beiden Richtungskräfte. In Richtung ungegenständlicher »Abstraktion« sei an dieser Stelle lediglich Pablo Picasso erwähnt. Er bewältigte diesen Ansatz, indem er - über die Abstraktion - die verbleibenden Elemente aus jenem überwundenen Endzustand wiederum in den vital-schöpferischen Ursprung vertieft, indem sein gestaltender Wille sie zur eigenbewegten Schau zusammenzieht. Das vormals nur geahnt Hintergründige tritt durch diese Schauweise in die komplexe, bildnerische Erscheinung ein: für den Betrachter, insofern er produktiv blickt. In Richtung dessen, was Worringer mit »Einfühlung« bezeichnete, wird - als Echo auf die Abstraktion - eine seelische Vertiefung in die Geheimniszustände der gegenständlichen Welt bewußt, »eine pantheistische Vertraulichkeit« mit der Natur und ihrer universellen Bildfähigkeit. Aus gleichem Ansatz durchstößt in der folgenden Zeit einfühlendes Schauen das Gegenständliche und befreit jene omnipotenten gestalterischen Möglichkeiten, welche die Natur nicht einfachhin offenbart. Der Abstraktion gegenüber erscheinen die Spielarten des aufkommenden Surrealismus. An dieser Stelle sei Marc Chagall erwähnt. Vertieft in die Elemente der Erscheinungswelt, suchte er die ursprünglich erlebte Dekomposition in eine neue Bildsprache aufzulichten. Das im Realen zugleich transparente Bild erscheint in einem neuen Raum vergegenwärtigt. Wie Pablo Picasso die Abstraktion in den Eigenwillen versenkt und derart zu eigenwilliger Schau steigert, so sucht Marc Chagall den Willensgrund durch Phantasie aufzuheben in das visionäre sur-reale Bild. Auf dem Wege aus der Dekomposition natürlich gegebener Welt in die Komposition einer künstlerisch geschaffenen Welt könnte sich aus den erwähnten, je für sich extremen Wegen eine neue Einfachheit der Gestaltung ergeben.

Dekompositionserfahrungen sind charakteristisch für das 20. Jahrhundert. Die von daher scheinbar »einfach« zu erreichende Komposition bleibt vorerst noch Bildekraft, die zukünftig als Bild erscheinen mag. Diese Erwartung besagt: Aus dem Zusammenfluß der Abstraktion, die sich zur elementargeistigen, eigenwilligen Schau verdichtet - und des einfühlenden Surrealismus, der sich aus dem Willensgrund in die real-phantastische Bildvision vergeistigt, könnte sich im Laufe der Entwicklung ein verjüngender Keimzustand enthüllen. Dieser erwiese gestalterische Anfangszustände dem überwundenen Endzustand der Wahrnehmung gegenüber; er würde den kommenden Künstler befähigen, weltgemäße Imagination zu gestalten. Sie resultiert als ein drittes aus der eigenwilligen Schau einerseits und der surrealen Bildvision andererseits. Das dekomponierte Material der gegebenen Erscheinungswelt würde von ihm (im Sinne der goetheschen Ästhetik) in eine Komposition erhoben werden, die »ideell scheint« - und in deren Schein Imaginationen einleuchten.

Ein in diesen Zusammenhängen sinnender Betrachter könnte den Lyriker Paul Celan in jener Richtung gewahren, die an den Namen Pablo Picasso angeknüpft wurde: die eigenwillige Schau, entwickelt aus der hochbewußten Abstraktion. Solche Erfahrungsart fängt ihm das absolut eigene, klingende

Sprach-Gitter ein. Entsprechend könnte der Betrachter die Lyrikerin Ingeborg Bachmann in jener Richtung gewahren, die der Name Marc Chagall bezeichnet: die surreale Impression, entfaltet aus treibendem Kraftquell bis hin zur omnipotenten Bildvision. Diese Erfahrungsart quillt immerfort wie durch weltgeleitete Bilder, deren Qualität ein breiter Strom zum Sprechen trägt.

Vor dem bedeutenden, nur skizzierten Hintergrund fällt der Blick auf Gedichte eines Zeitgenossen, Hans Müller-Wiedemann. Man kann, wenngleich in anderer Proportion, jene Bildekräfte gewahren, die in ästhetischer Hinsicht die Ausdrucksformen des Zeitalters prägen. In den vorgelegten Gedichten dieses Bandes erscheint vieles vereinfacht, erwuchs indessen als gestalterisches Echo aus sehr komplexen Ereignissen: »Polnischer Reiter im Schnee« - eine Antwort auf den Einschlag der Ereignisse im Jahre 1981. Von Spitzen zeitgenössischer Reflektion her gesprochene Begegnungen mit »Sprache« - angeknüpft an Wittgenstein. Aus dekomponierenden Erfahrungen kommen »Amerikanische Impressionen« zu Wort und Bild - ebenso wie die naturnah in sich gestillten Eindrücke aus »Wanderungen in Österreich«. Das existentiale Gespräch mit dem Engel, der die Widersprüche des menschlichen Schicksals gestaltend aufhebt, durchzieht ebenso die Gedichte, wie der Zug, dem Weg der Toten andenkend zu folgen. Widersprüche aus der Mitte des 20. Jahrhunderts versuchen in sensiblen Versen gelassener zu atmen, hinschauend auf den Dichter Joseph Weinheber.

Unterwegs zu Keimzuständen ist für den hier sprechenden Arzt keine »heile Welt« einfachhin vorausgesetzt. Er versucht, eigenes Erfahren von der Bedrängnis durch das Verhängnis abzusetzen. Diese Distanz führt das »Du« herauf: den Partner eines dauernden, befreienden Selbstgesprächs. Aus der beruhigenden Atmosphäre des Selbstgesprächs wird eine Stimmung zur Gewißheit, die Rudolf Steiner in einem der farbigen Glasfenster im Goetheanum, Dornach, mit dem Satz ausdrückte: »Die Welt weht Frommsein«. Wer realisiert, daß der dichterisch gestaltende Arzt eine heile Welt nicht voraussetzt, könnte aussprechen: Unterwegs zur imaginativen Komposition handelt es sich darum, Rettendes in verwirrender Zeit dadurch wahrzumachen, daß jeder an seiner Stelle und auf seine Weise zur Heilung der Welt beiträgt. Sein Gedicht ist eine Brücke, in eigener Tätigkeit die erst zu erzeugende heile Welt mitzuschaffen.

ZEIT-GESICHT

APOKALYPSE

Einmal werden wir
über dem letzten Grünland
aussäen
das Wortkorn -

pflücken im Herbst
von den wenigen,
gebliebenen Bäumen
Leidfrucht.

Einmal werden wir
knien
auf der lange verheimlichten
Erde,
bürdelos,
bekleidet mit Armut

unter
von innen
aufrauschenden
Sternen.

APOKALYPTISCHE KLARINETTE

FÜR MESSIAENS

Führe mich durch den Wortwald
zur Quelle,
fahre
mit dem tönenden Holzkamm
durch meinen Atem,
furche, pflüge die Erde des Herzens.
Säe im März
Schweigesamen
für den Herbst
jenseits.

FÜR PETER HANDKE
»DIE LEHREN DES SAINTE VICTOIRE«

Kehre heim,
mein Augenpaar,
in den Frühling
schwergewordener Dinge,
wohne
in der braunen
Ackererde,
blühe
mit den kupferroten
Blättern des Ahorn,
erwache
im grünen Abendlicht
über dem Berg,
wachse
zum Ursprung,
geläutert
durch jeglichen Tod
zum Regenbogen.

POLNISCHER REITER IM SCHNEE
NEUN VARIATIONEN FÜR POLEN

WEIHNACHTEN 1981

I

Die Krumen der Erde
sind hart gefroren.

Auf dem Seelenacker
steht das dunkle Kreuz.

In den Sternen
ist die Liebe ausgegangen.

Zerbrochen ist die Schwinge
der weißen Taube.

Niemand reitet
unter dem Goldhelm der Nacht.

Einsam geht Frühlicht
durch die träumenden Wälder

zur verlassenen Burg
am Golgathahügel.

II

In das Totentuch
hüllt Schmerz
die Erde -

friert die Wandelsterne fest,
Eisblumen des Atems
an den tränenlosen
Fenstern der Augen.

Auf der klammen Hand
die letzte Krume der Hoffnung
halte ich hin
dem Buntspecht;
halte ich hin
dem Kind -
halte ich hin
in der Nacht,
bittend
dem Engel.

III

Sieh, der Engel
reißt den Himmel auf:
vor den fliegenden Standarten
von Gebeten.

Liebessterne treten
in den Garten
von Gethsemane.

IV

Eine Weile noch
wird Winterwind
Zwietracht säen
zwischen den Sternen.

Frieren wird dein Kind
in den Zelten
auf der Armut Lager.

Tief ruht dein Herz
im Innern der Erde,
und noch im Traum
entschließen sich,
dunkel noch,
neue Sterne zum Blühn:

Erstlinge deines Bewußtseins
umkränzen die Stirn dir.
Lichtsamen,
geläutert von Erde.

V

Beuge dich, lausche
deiner Herkunft
leisem Glockenläuten.

Deines Lebens
offene Wunden
schaue aufrecht.

Höre des Bruders Stimme,
wenn er dir naht
in deinen Wäldern,
einsam im Geistwind.

Tauche dein Haupt
in das Wasser
klarer Seen.

Laß ruhn das Herz
in den Gedanken der Sterne.
Erschreite das Kommende
hoffend,
nachtverständigt
von weither.

VI

Zwischen dir und mir
die Maschinenpistole,
geladen für den Fall,
daß die Muttersprache versagt.

Zwischen den Gruben
und den Sternen -
der schmale Streifen Liebe.

Kein Raum mehr
zwischen der Erde
und den Panzerketten
für die Schneespur der Amsel.

Zwischen den niedergeschlagenen Augen
das Kriegsmal:
für den Fall,
daß die Geste des Kniens
mit gefalteten Händen,
die niemandem wehtut,
Freiheit bedeutet.

VII

Viele sind in den Schacht gefahren
unter der Erde,
da die heile Frühe
über die Felder floß.
    Im Kohlengrund
    werfen Gedanken
    Todesschatten.
Viele sind in den Schacht gefahren
unter der Erde,
da golden der Stern aufging
über der Grube.
    In den Bergadern
    verhallen dunkel
    Herzschläge.
Viele sind in den Schacht gefahren
unter der Erde,
da die Hirten hörten
Engelgesang.
    Geht die Gottesmutter
    unter der Erde hin:
    sucht die Söhne
    in den Gruben.

VIII

Ich hab kein Wiegenband für dich, mein Kind;
für deine Träume keinen Ort.
Dein Vater ist schon lange fort
und klirrend geht der Wind.

Vom Weinen sind die Brüste leer,
zu Eis erstarrt der See.
Du bist so klein und schon so schwer
wie Zweige unterm Schnee.

Da bete ich zu dir, Marie,
der Himmelskönigin,
und nächtens gehen seh ich sie
zu deiner Wiege hin.

Der Kräuter Duft, der Wälder Zier,
umweht sie wunderbar,
und aus den Sternen setzt sie dir
den Goldhelm auf dein Haar.

IX

O, daß der Reiter zu uns niederführe
aus seinem Sternbild wie ein Feuerstrahl;
die jäh verloschnen Herde schüre -
und uns noch einmal still zusammenführe
zum Friedensmahl.

Den Hochmut und die Kette uns zerbrechend,
erglänzt sein Schwert im Weihrauch von Gebeten.
Zu unsrer Erde Liebesworte sprechend,
das harte Brot mit lichten Händen brechend
pflanzt Rosen er in toten Winterbeeten.

LASS DIE TAUBE AUSFLIEGEN

Laß die Taube ausfliegen -
am Tage,
wenn deine Stimme
nicht hinreicht.

Laß die Taube ausfliegen -
gegen die Wasser
der Schwermut,

über dem Atem;
über den vielen
versammelten Tieren
hinter der Stirn.

Laß die Taube ausfliegen -
zu dem horchenden
Garten
des Ölbaums.

SECHS MEDITATIONEN ÜBER DIE SPRACHE

DEM PHILOSOPHEN

LUDWIG JOHANNES WITTGENSTEIN

I

Alle Sprache geht von mir aus,
daß ich erhöht sie im andern finde:
sprechend bin ich. Schon dem Kinde
wächst entgegen aller Worte Haus.

Nur das wahrgenommene Wort besteht.
Dies ist der Liebe stilles Leisten,
daß der Atem nicht ins Leere weht:
Im Gehör die Worte sich begeisten.

II

Was geworden ist zerfällt.
Gegen alles, was dich hier befällt,
sprich bedachtsam deines Lebens Worte:
denn es bildet sich an jedem Orte
ein Gehör, das deinen Laut erhält.

III

ICH, der Spruch, ist vor uns hingegangen:
daß in seinen aufgetanen Sinnen
darf dein Sagen immerfort beginnen.
Du wirst von Seinem Wort empfangen.

Bis er sich aus allem, was er litt,
reiche Labe hat erfunden;
an Seinem Wort wirst du gesunden:
Denn sein Vernehmen teilt sich mit.

IV

Jedes Sprechen trennt dich von der Quelle,
Ungehörtes bleibt auch ungesagt:
denn du sprichst doch immer von der Stelle,
über die hinaus dein Ohr gefragt.

Deine Hörkraft, die dem Wort entspringt,
weise dich zu jenen hohen Kreisen,
wo der Wesen Wille dich durchdringt;
woher Engel dich mit Schweigen speisen.

Nicht wie sonst wird dir zur Nahrung,
was den Leib dir irdisch hier erhält:
Nicht ists mehr die eigne Bewahrung.
Du vergehst - und wirst zur Welt.

V

Seltsam, dem Wort
gegenüber zu stehen -
zu hören
noch ungeborene Laute der Welt,
drängend nach Dasein.
Wo doch schon so viel
gesagt ist: Baum und Gebirg,
Wiese, Himmel und Fluß.

Golden aber
der Liebe Überfluß
weht noch im Atem der Sterne
nachts um uns her -
bis das Wort
Welt wird in uns;
wächst
in der Erde des Herzraums,
im Zeichen des Lamms.

VI

Sprich die Wolke,
den Bach
in den Schründen der Berge,
Licht über dem See
und die feuchte Erde
im Frühjahr.
Sprich auch
den dürren Baum
und das vertrocknete Flußbett.
Sprich die geschaffene Welt
in der Engel offnes Gehör:
Sprich im Aufwind.

JAHR-GESANG

BEIM ANBLICK EINER POLNISCHEN IKONE
AUS DEM ACHTEN JAHRHUNDERT
DEN ERZENGEL MICHAEL DARSTELLEND

Die Mandelkerne deiner Augen stehen
wie Waagen um ein Zentrum, gleichgerichtet.
Du schaust mich an, und dennoch ist dein Sehen
auf einen Zweiten, der verborgen ist, gerichtet.

In deines Haupthaars streng geformtes Rund
hat sich der Sterne Umkreis leicht verdichtet.
Jahrtausende, die stetig du gesichtet,
sind ernst verschlossen hinter sanftem Mund.

Wenn du jetzt sprächest, fänden deine Worte
mich hörend im verhängten Herzensohr?
Denn dauernd wächst die Nachricht von dem Orte,
der dich zur Miene seiner Kraft erkor.

Dein faltenloses Antlitz, lichtgeklärt,
erfüllt den Himmel, der uns herbstlich glüht.
Und deiner Frage losgelaßnes Schwert
furcht durch der Erde hoffendes Gemüt.

SOPHIA

Dahin die Welt. Wir schließen unsre Bücher,
Vergangenes ist druckschwarz aufgeschrieben.
Die seitendünnen weißen Totenbücher
sind wie Öffnungen von Sieben -
und das Gesiebte bleibt allein.

Es hält die Zukunft, der verschloßne Schrein,
geheimnisvoll die strenge Tempelpforte -
und wer noch sucht, geht schweigend zu dem Orte,
er legt sein Ohr in ungesprochne Worte;
er fügt sein Herz den Tempeltore ein.

Dahin die Welt, die so genau benannte.
Schon glühet der Vulkane Flammenlauf.
Und am Altare schlägt die lang verbannte
einsame Mutter ihre Augen auf.

Und sie beginnt die neuen Erdenlaute
zu sprechen, wie der Gott des Anfangs sprach.
Und ihre Söhne, die das Leid zerbrach,
sie stehen auf, unendliche Vertraute,
und schreiten langsam ihren Lauten nach.

HERBST

Ich kann mich nicht widerrufen.
Gemalt ist schon
andenkendes Antlitz
auf dem feurigen Canvas.

Mit Früchten gefüllt
zittern die Körbe
auf der herbstlichen Waage.

Tote begehen
den wandlosen Raum.
Heimlich
das fallende Blatt
winkt Abschied:
Ich bin.

WER SINGT NOCH EINMAL

Wer singt
noch einmal den Schwan,
daß entzaubert ihm
der weiße Jüngling entstiege.
Seine wogenden Flüge
riefen die Sonne
in des Atems Gefieder.

Jetzt aber ist
Zeit der Geier,
Zeit der Wölfe.
Auch wohl der Möwe
entgleitender Flug.

Es überwintern aber
die Schwäne scheu
im grünen Schilf der Nacht,
wo aus dem Sternbild schon
rauschen die heiligen Winde.

HERBSTZEITLOSE

Welcher Toten schon verblaßtes Kleid
grüßt noch einmal durch die goldne Stille?
Traumverwunschen, zeitlos in der Zeit,
wird dein Leben zur verklärten Hülle.

Warten darf ich nicht. Die späte Blüte
wächst noch aus der Erde festem Grunde.
Schauen will ich die verfrühte
hergeschwebte Sternenkunde.

Deine Firmamente in den feuchten
Wiesen stehn im Sterbenslicht:
Wenn der rote Sommer nicht mehr spricht,
lebe uns voraus des Geistes Leuchten.

DEM GENIUS

Daß winterlich das Böse mich nicht banne,
gabst Du in der Nacht mir das Gedicht:
zwischen mir und Deinem Angesicht,
wo ich den Atem träumend spanne.

Saite tönt in meinen Resonanzen,
die Dein Wehen schwerelos bewegt.
Singend webst Du mich zum endlich Ganzen:
Sonnenkreis, der meine Schritte hegt.

Mag das Bild im Sagen auch verschweben,
meine Stimme wächst in Deinem Ohr.
In der Morgenröte tönt hervor
meine Ahnung - wie Dein volles Leben.

IM NOVEMBER

Worte: Ränder von Gefäßen,
die der Schmerz auf dunkler Scheibe dreht,
bis die Engel aus den Formen lesen,
was im Innern aufgeschrieben steht.

Auszutauschen in der klaren Luft
langsam steigende Gebärde
mit der anderen, die leiser ruft
diesen Atem in dein starkes Werden:

Wenn die Nacht mit aufgetanen Schwingen
jede Form in die Figur verwebt,
in der Tote langsam um uns schreiten.

Hörend sollst du jedes Wort geleiten,
das dem Herzen fragend dir entschwebt -
bis die Geister ihre Antwort singen.

ADVENT 1976

I

Unerhört welkten die Gesten der Rosen.
Roter Mohn flammte vergebens ans Herz uns.
Die weißen Margueriten stehen
einsam im Spätwind, überzählige,
bis endlich dieser tröstende Oktober
aufhebt Verlassenes
zu den bleibenden Siegeln des Urbilds.
So auch wandern die Worte.

Tote tragen im Spätherbst
das Wortkorn, das unter Lebenden
niemand mehr aufnimmt.
Tragen es heimlich
mit erwachtem Gehör
in die Kammern der Sterne;
kneten das Brot dort
und nähren
noch ungeborene Stirnen.

II

Nicht zu wissen ist Nähe.
Zu hören leiser Worte
zarten Überschuß,
wie sich das Tagwort nährt
von heimlichen Boten.

Denn alles Irdische trennt.
In den aufgerissenen Wunden der Schuld,
in der roten Höhle des Mundes
sterben die Worte,
wo einst Gesang war,
Bitte und Preisung.

Höre indes die Stille,
wenn ein Wort dich umarmt,
ein liebendes,
wenn aus den Reigen der Engel
niederweht einer -
dich der Saum seiner Stimme
aus seiner Ferne berührt.

ADVENT 1977

Es ist schon viel,
zu atmen
die Dämmerung;

zu ahnen die Orte,
wo kommen werden
die Sterne;

zu schlafen an der Wange
keimender Einsicht;
Spuren der Schuld
zu lesen im Nachtschnee.

Vor allem aber:
Wach zu bleiben
im Neonlicht
auf der Sonnenfährte.

STERBENDE WELT

Fällt auch der Geist
Bildern zum Raube:
Erde verheißt
Apfel und Traube.

Nur was dich selber befällt
bilde die Schale;
trinke beim Opfermahle
die sterbende Welt.

IN MEINEN AUGEN

Es sterben die Dinge
in meinen Augen,
als sehnte sich jedes
eine Zeitlang zu schlafen,
vergessen zu sein
von seinem Ursprung -
zu schlafen in mir.

Auszutauschen einmal
unendliches Dasein
mit einer kleinen
menschlichen Zeit,
zu keimen
in ungewisser Erde.

Manchmal aber
blüht es herauf.
Und ich hülle ins Wort
die Heimatlosen.

WENN DU NICHT MEHR WEINST

Wenn du nicht mehr weinst,
werden Arme dir wachsen,
zu pflügen
Trauererde -
auszusäen
Erkenntnis-Samen.

MYSTISCHE METAMORPHOSE

Ein Haupt,
aus dem Gedanken wachsen.
Ranken, Blätter,
Kerbe, Rundung, Gefieder -
Raumspuren
der Sonnenbahn.
Blüten,
blau verschwebend
im Nachtgrund,
emporgelichtet
zum Sternbild.
Das segnet.

Herzwurzelwerk,
suchend in tieferen Adern
Schrift-Zeichen
im Erdgrund.

HOMO SOCIOLOGICUS

Mit einer Definition
von Identität
an das Kreuz geschlagen,
im Scheinwerferlicht.

Scharfe Unterschiebung
aus Anwesendem,
das man nicht war:
Dornenkrone Verleumdung.

Kein Scharlachmantel,
von Rechenmaschinen entworfen,
ist zu teuer
für Unterwerfung.

Erst vor dem Toten
versagen
die Daten.

LICHTWIEGE

Dunkel stirbt das Wort
am Zungengrund.
Bitter schmeckt
Menschenrede.

Unter dem Schädeldach
buchstabiert Grammatik
Wortgespenster.

Es träumt das Gedicht
im Herzschlag,
in der Lichtwiege.

Heiligen, sagt man,
blühten Rosen
aus
unbrauchbar gewordenem
Mund.

SATURNZEIT

Du, zähle die Jahre nicht genau -
Erinnerungen weben deine Zeit.
Was du sein wirst tönt von weit
aus einem Stern im tiefsten Blau.

Ein Frühling ist nur eine von den Weisen,
die jedes Jahr für unsere Sinne hat.
Wir aber gehn in aufgehaltenen, leisen
heimlichen Räumen zwischen Frucht und Blatt.

Aus jedem Herzschlag schreiten ernste Wesen
schon jedem unserer Tage still voran:
Erscheinung darf in ihnen jetzt genesen.
Die Zeit vergeht. Du fängst zu leben an.

AMERIKANISCHE IMPRESSIONEN

I

FRENCH CREEK

Ich will jetzt lang in deinem Strömen sein
von Uferweidenschatten blau befriedet,
wo kühle Winde weben, schon ermüdet,
silberne Fäden in die Moose ein.

Wer hat, wie Herden, Felsen ausgelegt,
die droben uns noch drohten als Gestein,
und welche Hand hat sie so rundgepflegt?

Ich möchte gern in ihnen
blank und geklärt von hellen Wassern sein.
Dem Abend wie ein Spiegel dienen.

Doch die Gefühle sind zu klein.
Sie reißen die smaragdenen Brücken,
die dem Licht im Blitz der Sprünge glücken,
mit einer scharfen Augenwendung wieder ein.

II

GÄNSE IN FRENCH CREEK

Sie stürzten strahlend auf das Wasser nieder
und stiegen flügelnd und verjüngt ans Land -
in ihren Augen tragend allenfalls
ein wenig Schwermut auf den gelben Sand,
wenn sie verwundert drehn den schlanken Hals.

Bis sie vom Ufer ein Schreien erschreckt,
das ihnen Ferne wird von innen:
Dann gleiten sie wieder wie Königinnen,
von Sonnen abendlich besteckt -
in wiegenden Sänften golden dahin.

III

MASSACHUSETTS-TOWN

Jeder tut, als ob er nichts mehr wüßte.
Dort, um die Ecke, in dem Store
steht aus Gips die Washington-Büste.
Im Salon ein Foto der englischen Küste,
am Fenster hängt, gestickt, Vergessen davor.

Nachts hinter dem weißgetünchten Haus
ragen aus Sümpfen versunkene Bäume.
Lichter löschen beginnende Träume
auf gepflegten Rabatten aus.

Manchmal kommen Vögel noch vom Meer,
atzen schreiend sich im Vorstadtschutt.
Die Kirche aus Hampshire wirft ihr Perlmutt,
an kühle Beleuchtung lang schon gewöhnt,
wie einen versteinerten Mond vor sich her.
Nur die Sterne scheinen milde versöhnt.

Gelassen hockt noch älteres Erschrecken
scheinbar zu Haus auf trägen Stühlen.
Im Laden Geschirr aus verbrauchten Gefühlen:
kupferne Kannen, Gläser und Becken.

Zwei Damen auf Kur gehn gelassen zum Tee.
Dreimal, erregt, bläst ein Horn von der See.

IV

BOSTON-ABFLUG

Die Sonne sprang noch einmal
durch die Steinwüste.
Straßenbänder rauschen
über Gassen,
wo Erinnerung sich duckt
im irischen Inn, unerreichbar.

Nicht zu denken, dort
auf eigenen Füßen zu stehen,
wenn in der rush-hour,
im Tunnel,
blenden reingewaschene Kacheln
unter dem Meer.

Über der Einfahrt, steinern,
Schutzengelflügel.
Viele in der Dämmrung
sind jetzt geschäftig;
wie viele der Engel
von der See kommend
im violetten Glockenläuten:

über dem Möwengeschrei,
über den Neonfanfaren,
die blasen gegen die Sterne -
über dem Donnern
abhebender Boeings.

V

MÄRZ IN PENNSYLVANIA

Im Märzwind war Musik und wehte
ein Grün vergoldet um die Weide,
mit einem Hauch von Weißem auf der Heide,
vor einem Himmel aus schon heitrem Blau.

Noch hält ein überwinternd Grau
die silbern aufhorchenden, rissigen Rinden.
Auf hellen Fittichen von Winden
Drosselflötengesang
unter feierlichen Vogelflügen,
denen das Frühjahr schon sicher gelang -

Im Märzwind war Musik und wehte
Sterne, an der Nacht entlang.

TIEFENFAHRT

Schuld schläft
in den Bergen,
unter den hellen Margueriten
verwittert Grundgestein.

Fahre in die dunklen Schächte -
nackt, ohne Werkzeug,
mit reinem Willen bekleidet.
Nimm mit:
eine Wolke Kindheit,
Amselgesang
im März.

Vielleicht warten die Sterne,
oder doch einer unter den vielen,
daß du hervorbringst einst
Kristall
aus geläuterter Tiefe.

Morgen schon kann es sein.
Wieviel Sternenliebe
braucht es,
aufzuwiegen
so wenig.

VOR OSTERN

Immer unter schweren Gewichten
stemme ich, den Nacken beugend,
aufrecht die Säule.
Nur die Sternenfigur ist gesetzt
gegen Verhängnis.
Aus der Sonnenspur wächst
dunkeläugige Treue
in der Herzfurche.
Im Grund die weißen Anemonen
heben wieder die Augen auf.

WIEDERFINDEN

Es ist ein Kreuz in allen Erdendingen
schon unsern ersten Blicken aufgestellt.
Wir sind die Trauernden am Licht der Welt:
Wir nennen. Und das große Singen

verklang im Tagwerk, starb in unser Wort.
Der Abschied schärft die alten Sinne,
nur manchmal wachsen Blumen hier und dort
an Rändern, wo ich wache. Und ich rinne

den Quellen in den Bergen heimlich nach.
Ich hör im Schweigen was die Liebe spricht
und neue Worte reifen mir gemach:
Am Kreuz der Erdendinge blüht das Licht.

WANDERUNGEN IN ÖSTERREICH

I

WIESEN

Ihr, o ihr heiteren Geister der Wiesen,
immer nur dienende, unversehrt, rein,
zärtlich uns bergende, siehe es ließen
sich unsere Sinne sanft in euch ein.

Für Seine mit Engeln wandernden Füße
webt ihr den Teppich aus Erde und Winden;
aufsingend Quellen und steigende Süße,
die sich verströmt im Aufbruch der Linden.

Dunkel war Erde. Ihr kühles Gewicht
sinnend im Schwersein aus stillerem Reifen,
bis ihr im ungetrübten Begreifen
auftut zum Blühen ihr ernstes Gesicht,
Heimat bereitend dem wandernden Licht.

II

HIMMEL IM GEBIRGE

Aus Licht erschaffend der Winde Gewand
bist du der Atem in allem, was steigt.
Aber an deinem gebirgigen Rand
rührst du die Stelle, wo Grenze sich zeigt.

Bleibest im Wandel der irdischen Zeiten
Ewigkeit nur versprechender Raum.
Und selbst die schweren, die Wolken, sie gleiten
immer gekrönt mit flammendem Saum.

Steigst beschwingt mit Purpur-Gefieder
Sternenwärts der Nacht entgegen:
fällt Vergangenes auf blauen Wegen,
klar erfüllt, auf alle Berge nieder.

III

FEDERNELKE

Federnelke, jedem Wind ergeben,
zeigt im Unsichtbaren sich in dir Natur.
Doch im Innern, wo die Sterne weben,
formt sich fünffach irdische Struktur.

Deine Fülle, deiner Farben Kraft
gabst du irgendwann dem Licht zurück.
Und wo andern Blumen drängt der Saft
in das volle, blaue Blütenblatt,
lebtest du, was keinen Glanz mehr hat;
gabst dich der Winde reinem Glück.

Alles um dich her verdirbt im Bleiben.
Aber du hast freundlich uns gezeigt
alle Räume, wo die Wolken treiben,
denen nächtens Stern um Stern sich neigt.

IV

VISION IM GEBIRGE

Zwischen Schründen
hat ein Riese den weißen, toten
Zeigefinger hingestreckt,
erschreckt.
Aus dem Tann
flüchtet ein Reh.
Christrose, lindengrün
im Verblühn.
Herberglos Geröll
will stürzen.
Grün sind die Kissen
im Almgrund -
An der Schneegrenze
ernste Soldanellen
aus dunklen Sternenaugen
bitten um Frieden.
Über verlassener Hütte
vermoderndem Holz,
wo nur blieb der Holunder,
fliehen die Berge ins Blau,
und der drohende Fels
wirft grau
seine uralte Schwere
donnernd ins Tal. -
Heimatloser,
zwischen Blume und Fels:
hüte dich.

V

LEICHTER AUFSTIEG NACH DEM REGEN IM FRÜHJAHR

Die Heidelbeerblätter sind auf einmal gewachsen.
Sonne flirrt und fließt, sie spinnt und webt.
Die Buchen haben die zarten Achsen
der Zweige in das Licht gedreht.
Lauthals stürzt ein Drosselrufen
in mähliche Takte fallender Tropfen.
Spuren im Grund von Pferdehufen,
im Laub das immerfort stetige Klopfen.
Die Sinne wollen sich niederbücken,
atmen der Wurzeln herben Geruch.
Salamander auf schwarzem Rücken
trägt Feuerzeichen: wie ein Buch -
aufblätternd, uralt, die Lemurenschrift,
die dich verwirrt. - Auf allen Wegen trifft
der Regenglanz, die Seide auf den Steinen,
in Moosen, die dir wie Smaragde scheinen.
Getauft sind alle Wipfel, Zweig und Blatt.
Von Talgrund heben sich die schweren Feuchten.
Geklärt fängt eine Wiese an zu leuchten.
Und jede Sehnsucht, die die Erde hat,
steigt in dem süßen Saft von Stamm und Rinde,
sie hängt in einem Apfelbaum, der blüht.
Du sinnst die Blüten hin zu einem Kinde,
im Steigen mühelos bemüht.

VI

WANDERUNG IM FRÜHLING

Der Berg hat seine grauen Jalousien aufgezogen.
Vom Tal her summt der erste Rasenmäher.
Ein blasser Wind kommt durch den Forst
gezogen,
noch winterkehlig gezt der Häher.

Grün ist in einem Buchenblatt die Zeit
entfaltet bis zu seinem zarten Rand;
ein Kuckuck probt die Frühlingsterz beizeit,
der Wiesengeist hebt langsam seine Hand;

pflückt Sterne für ein Gelbes, für ein Blaues -
wilde Narzisse und Vergißmeinnicht.
Ich wasch im Licht des Morgentaues
das nachtverdunkelte Gesicht.

VII

LERCHEN

Sie steigen und fallen
in Intervallen
auf Leitern von Winden.
Jauchzen
aus den Ackerfurchen
Erde hinauf
zur strahlenden Oktave
ferner Himmel.

Doch wir heben an
in Sekunden
anfänglicher Liebe,
die schon ältere Engel
aufsingen
zum Sternengehör.
Dort ist unser Gesang,
selbst dem jubelnden Frühjahr
unerschwinglich.

VIII

KLEINER MYTHOS VOM KUCKUCK

Sänger, den dreifachen Hahnenschrei
lösend in den vergebenden Raum.
Stimme der Wälder, dunkel im Traum,
und der Tiere Gehör im Geweih.

Uralter Bilder zärtliches Schweigen
ruft er gelassen und freundlich hervor,
ruft in die wachsenden Stufen aus Schweigen
Wiesen in das geläuterte Ohr.

Nicht in der Stämme dunkelndem Laube,
in der von Sommer schon seligen Luft,
die er in weckenden Terzen durchruft,
ruft er aus heilenden Himmeln die Taube.

JOHANNES DER TÄUFER
IM KREUZIGUNGSBILD DES MATTHIAS GRÜNEWALD

Im Flammenkleide
glüht das Wort.
Die Opferkraft
hat es vom Kreuz genommen.
Sie beugt den Arm ihm hin
zum dunklen Holz
und brennt bis in das Haar am Haupt
durch seinen Leib.

Dem strengen Blick
entgleitet aus der Linken
schon die Schrift:
Wo so
ein Zeigefinger ausgestreckt,
bedarf es keiner
anderen Zeugen.

Schon blüht
an seinem Mantelsaum
das Licht
aus einem stillen Lamm.
Es steigt in den gebeugten Arm
und schweigt
ernst
um das Haupt.

O, tiefe Weltenzeit,
durch die er zeigt:
Sieh hin.

Wir nehmen täglich ab,
und dieser rote Mann,
in unseres Blutes Tiefe aufgerichtet,
verweist uns
jede Augenwendung,
die das Herz
verleugnete, vergaß:
Sieh hin, das Kreuz.
Sieh hin, das Lamm.
Sieh hin, o Mensch:
Geheiligt ist dein Raum,
verjüngt ist deine Zeit.

JOHANNES AUF PATMOS

Er machte seine Seele leer von allen Bildern.
In seiner Höhle wacht mit ihm die Nacht,
wo Engel ihm die Speise dargebracht -
und keine Sonnen seine Erde mildern.

Es rauschen ihm die Stimmen aus den Tiefen
den alten Trug in das verwaiste Herz.
Doch tiefer noch erhörte er den Schmerz,
in dessen Furchen neue Welten schliefen.

Er hat im Wandel seiner Leidenschaft
am Himmel jeden Trösterstern verbrannt.
Und seine alte, eingeborne Kraft
verging ihm leicht, zerrann im Wüstensand.

Da fiel das WORT ihm in der Ohnmacht Raum,
es liebte ihn im Welten-Liebes-Feuer.
Wohin er ging, entzündet sich ein neuer,
geheimer Sinn dem Menschen-Welten-Traum.

Aus den zerfallnen Tempelhallen weht
ins steigende Gehör ihm Schöpfungswind.
Wenn Bild um Bild im Zeitengang vergeht,
weist uns sein stetes, einsames Gebet
zum Flammenzeichen, das am Himmel steht:
Sieh dort, die Mutter mit dem Kind.

HERBSTLICHER JOHANNES

In die Erde gelegt ist
des Sommers Strahlenleib.
Jede Frucht
hat er herangereift,
bevor er schied.
Sein hohes Haupt,
hinsinkend in
die goldne Schale
der Abende im September.
Jetzt brennen auf den Feldern
Opferfeuer -
im blauen Rauch
schwebt sein vergangenes Bild.

Sinnverwandler,
unter dem fallenden Laub
pflegst du die Keimkraft der Welt:
winterwärts.

ZEITWEGE

I

AUF ERNSTEN GIPFELN DER EINSICHT

Unter dem blauen Gebirge,
unter den letzten Hütten
lagert Gestein.
Steinschutt
lebloser Gedanken,
die liegen blieben, grau,
niemandes Nahrung:
unserer Selbstsucht einst arme
in sich verliebte Speise.

Wer räumt
das unendliche Berg-Werk!
Wie lang noch schreiten
mit wunden Füßen wir
durch scharfes Geröll?

Wann gehen wir ein
in die vom Himmel
trunkenen Matten,
wo am Morgen im Tau
Urbilder glänzen; vorbei
an den klaren Seen der Demut -
bis über die Hütten am Abend
aufsteigt Rauch
verbrannten Schein-Glücks,
das uns nicht annahm,
weil wir es, steigend,

nicht achten -
glück-los Größeres suchend
auf ernsten Gipfeln der Einsicht.

II

MEHR ALS EIN LÄCHELN

Ihr Neulinge unserer Erde,
blasse Kinder unverwandelter Schmerzen,
die ihr, von alter Erfahrung umhüllt,
Wiesen vermutet, wo wir Geröll hinterließen;
Ruinen, die todlos,
Müll und heilloses Werkzeug,
alles gebündelt, geplant und
schamlos bereitet
der Bewegung der Hände,
die zum Pflegen und Beten gemacht sind.

Ihr einst heiteren Ankömmlinge,
denen wir damals
am geduldigen Webstuhl
Kleider aus Hoffnung gewebt -
wir, die Beschenkten.

Ihr mit den traurigen Augen,
schon tief im Blute enttäuscht,
wo Freude einst wohnte:
endlich unter Menschen
zu sein.
Jetzt betretet ihr zögernd
die befremdliche Landschaft -
und es beschämt fast,
wie ihr euch dennoch entschließt.

Weit reichen wir zwar, irdisch:
von Erfolg überwältigt -

und reichen nicht hin,
wissend zu sein
vor dem Lächeln,
das aus der Wiege uns trifft,
vor dunkler Erde
am Karfreitag -
oder dem Saatkorn der Träume.

Lehrt uns die Quellen.
Tragt uns mehr
als ein Lächeln ins Herz.

III

IM GEBIRGE DER ZEITEN, NIEMANDEM HÖRIG

Was wir wissen, was ist's?
Welches das Werkzeug,
und schließlich:
In wessen Auftrag?
Hat nicht alles schon längst
überholt das eben Gebrauchte,
wie die Schwalbe den Winter -
oder wie Schicksal, das anwest,
uns am meisten betrifft
in der bekannten,
scheinbar gewußten Gewohnheit:
ohne Vermittlung?

Wir stemmen
verhangene Schwermut,
Berge aus Denkschutt
vor das offene Herzohr:
Kalkgestein, das Kommende
in die sterbend zerklüftete Form
sprechend.
Nennt es nicht Zukunft,
was vorscheint aus vergangenem Dasein,
gebrochen am Spiegel,
wirft in unlebbare Bilder,
Modelle, niemals erfüllbar.

Übe am Sicheren:
Gib dem Gewordenen,
was immer es deutet zu sein,

kristallene Kraft:
durchsichtig, nicht mehr Materie,
sondern der Anlaß des Lichts
und dessen Zeugnis -
irdisch gewesen zu sein.
Schaffe Gestein aus Bewußtsein,
im Gebirge der Zeiten,
niemandem hörig,
gehörend aber dem Licht,
das aufjauchzend
dort sich erkennt.

IV

EIN TRAUERNDER SPÜRT DEN ERQUICKENDEN DUFT

Aber auch dort, jenseits
ungesagter Worte Gestein,
Winde von zuviel Gesagtem.
Erst im Maß
der mitternächtigen Stunde,
zwischen Wind und Gestein
spricht Liebe,
nur Liebenden hörbar,
Sprache dem Weltengrund zu:
die zarten Blätter des Atems,
den Kelch
und des Blütenblatts
ernsteres Siegel.

Engel pflücken sie dort,
endlich, die Wahrheitsblume,
der die Erde zu hart war.
Am Wegrand ein Trauernder
spürt den erquickenden Duft,
oder in stillen Händen
trägt sie ein Kind -
ein Kundiger
braucht sie als Heilkraut:
Immer sind wir nur Anlaß.

V

DURCH DES HERZENS BESCHWERLICHE LANDSCHAFT

Ihr, an der Schwelle der Liebe:
da im Sommermorgen der Tau
weither von den Sternen
verhüllt die scharfe Kontur;
hält Hand noch die Hand
vor dem ersten bedeutsamen Herzschlag.
Leicht sind die Schritte noch,
an jeder sanften Kehre
über dem Talgrund
schweben voran
die zarten Gefährten des Glücks,
goldene Falter.

Innen noch, spurlos
wie die Lerche am Morgen,
erfühlt ihr der heiteren Luft
sanfte Berührung.
Aber vom Höhengestein
weht Auftrag -
dunkel der Herzwind,
ruft zu den Quellen,
wo die Liebe entspringt
über den letzten glühenden Graten,
jenseits des Meeres.

Weiter noch, über den Sternen:
nirgends mehr räumlich.
Dann erst faßt ihr euch wirklich.

Sanft nur gelehnt an Irdisches,
steigt ihr empor
durch des Herzens
beschwerliche Landschaft,
bis im Abendglockenläuten
neue Sterne euch aufgehn
im erweiterten Raum.

OPFER-GANG

KASPAR – 1981

Aus des Himmels Überflüssen
tratest Du hervor,
da wir, lang schon, Abschied nehmen müssen
und das Herz im Winterwind erfror.

Namen gaben wir - Worte, Zeichen
aus der Armut unsrer Erdenschuld.
Keiner wird Dein Wandeln je erreichen,
denn es schweigt der Mund der Huld.

Trätest jetzt in unsre Mitte,
unsrer Schwermut zitterndes Gemach,
sprächen wir vielleicht wie eine Bitte
stammelnd Deine Worte nach.

Wir vergäßen das so lang Erdachte
über Deine schmale Erdenzeit.
Du grüßtest als der Toderwachte,
winkend mit der Hand, von weit.

AUS DEN ERINNERUNGEN VON KASPAR

I

Hättet ihr mich gelehrt,
nachzudenken
Herzsprache:
den purpurnen Himmel am Abend,
die Vogelflüge und
den Duft im Mai,
Zeichen verwirrter Liebe,
vorüberziehend
am Fenster.

Und die roten Beeren,
die glühn
hinter den Gittern der Sinne;
die Sternspur, heimatlich,
die lang schon versprach
den Vater
vom Anbeginn.
        Ich indes hing
        am Holzkreuz
        der Worte.
Golden ging die Sonne mir auf,
zu spät
für meinen Tag
mitten im Winter -
über dem traurigen Schneefall.

II

Ihr sprachlosen Pfeile der Stimmen,
ihr Bilder, die brennen
Feuermale mir
in die Augen,
bis endlich die Ohnmacht versöhnt.

Engel steigen dort
auf und nieder,
tragen in Schalen
noch Früchte
verlorener Kindheit
in Nachtgebete.

Immer wieder zertritt
die Katze
draußen im Beet meinen Namen,
aus Blumen gelegt -
auch Menschenfüße.

III

Ich ging auf dem schmalen Pfad
zwischen dem Schmerz meiner Füße
und dem Himmel,
der mir im Herz stand.

Ich ging auf dem schmalen Pfad
zwischen mir
und der Welt,
Worte suchend.

Ich ging auf dem schmalen Pfad
im Schnee
zum artesischen Brunnen -
zwischen der Dämmerung
und der Morgenröte.

Auf dem schmalen Pfad ging ich
zwischen Sonne und Mond,
zwischen den Dunkelheiten,
der Oberen und
der Unteren.
Auf dem schmalen Pfad
des Bewußtseins:
Auf dem Menschenweg.

IV

Was hab' ich Gutes getan?
Ungeschütztes Gewolltes
zieht Mörder an.

Aus den Kellerlöchern der Zeit
die Rattenzüge -
sie fraßen die Sonne mir fort,
grünes Gras
vergilbte
im faulen Wind.
Angst im Frühjahr
und die Herbste, kalt
vor der Eiszeit.
Das Ungeheuer kam
selbst den Mördern zuvor.
Unschuldig Herz
ausgesetzt zu früh
im ernsten Antlitz -
ging dahin.
Golden ist dort
voll Erinnerung mir
der Tag.
Über der leeren Erde
wächst Schutt.
Was hab' ich Gutes getan?

V

Denkt nicht
daß ich klage.
Ohne irdische Herkunft
sät leichter sich aus
Same des Herzens.

Lange war sie in mir,
eure Welt.
Jetzt bin ich
in ihr.

Denn auch die Wunden
heilte der Geist mir.
Wer aber
heilt euch?

KASPAR – 1983

Du wußtest nicht
wer du warst,
tiefer als wir
überwältigt von Anschein.
Wie hätte auch
den ungetrübten Blick
gehalten ein sterblicher Vater,
oder die Mutter
deine strahlende Unschuld?
Niemand auch sah
die Spur deiner Schritte am Abend,
und obgleich du ihn lange schon sahst,
war niemand dein Mörder.
Oder sind wir's -
immer zeigend auf etwas?

Aber da du beinahe schon ganz
unser geworden und sagbar,
vorgezeigt unserem Tag,
nahm der rufende Geist
den dunkel-geläuterten Sohn
an das größere Herz,
daß er dort bete für uns:
    Schaffe ihnen
    ein reines Herz -
    einen gewisseren Geist auch.
    Verwirf sie nicht
    vor Deinem Angesicht
    und nimm Deinen heiligen Geist
    nicht von ihnen.

KEHRE

Heimkehren
auf dem Nachtfalterflügel
aus der verhangenen Erde.
Die Hände leicht
zum Jäten
im Sonnengarten.

SCHICKSALS-WANDLUNG

ENGEL

Engel, die ihr in den Zwischenräumen
aller Weltgestalten lebt:
an den Küsten, an den Weltensäumen,
dort wo eins mit andrem webt.

Daß das Fremde mir zueigen werde,
geht der Engel Atem durch mein Sinnen:
die Vergangenheiten klingen, rinnen
aus den stillen Augen aller Dinge
immer tiefer in die Lebensringe
meiner Welt.

Daß in meinem Wandel kein Gesicht
in dem Winter mir verloren gehe,
hebe ich mein irdisches Gewicht
in die Sonnenkreise eurer Nähe:
will mich zu dem größeren Gelingen
wiederbringen.

ABENDWIND

Abendwind webt Schuld
in die Muster
wandelnder Engel
zwischen den Sternen.
Anwesend sind wir dort
in den Gärten der Nacht,
staunend
vor so viel Güte.

SECHZEHN STROPHISCHE NACHRUFE
FÜR JOSEF WEINHEBER

I

Nachtgeblendeter, du zwischen Haupt und Schoß,
Fremder unter den Schrecken,
heimatlos gingst du dahin,
wenn auch ein Grab,
in dem letzten Gehege der Erde,
im tröstlichen Garten, aufnahm
die arme Gestalt.
Nirgends ist,
wenn einer aufsingt am Abgrund,
Heimat.
Auch wenn sie die Wiese verspricht,
oder im Mai
der Schnee blühender Linden,
strenges Gebirg und im Feuer das dunkle
Sommergelände der Reben. Oder der
zu lange geliebte,
Kindheit tragende Fluß.

II

Nicht Lorbeer, zuviel des Wahn's
dunkelt des Einsamen Stirn
die schreckliche Blendung der Nacht.
Nüchterner sind die Tage der Waage.
Der trunkene Aufschrei
rührt nicht die fliehenden Götter.
Sie ziehen vorbei
am brennenden Antlitz der Bilder.
Keiner doch bleibt.
Es klärte der Sonne
mitternächtiger Geist, wenn erst
andenkend aufsteigt
ein sprachlos Herz
in das beschwerliche Maß.

III

Lang ist
stolzer Vergeblichkeit Nachhol'n.
Weniges blieb
in klärendem Sieben des Todes:
Vielleicht von Demut ein Hauch,
eine Handvoll
vom Anschau'n langsam geläuterter Erde
oder ein Korn aus Geduld.
Dies ist in dunkler Zeit
genug. Denn es sammeln
anders die Sterne; Erbschaft
ist ihnen nur
Zeugnis vergänglichen Schwer-Seins,
wo das Wort uns zerfällt
im alltäglich vertrocknenden Flußbett.
Dort wirbeln es Winde
von Meinung zu Meinung -
Namenlos.

IV

Nicht gehört zu sein war
allem Anfang voran
dein fernher geworfenes Los.
Und der Erwählte verschwieg
die engere Wohnstatt,
die mit Gesagtem sich schmückt:
sanglos zu überleben
in der verordneten Welt.
So wuchs ihm die Stimme heran,
trotzend der Taubheit,
um wieder zu fallen, getäuscht,
aus der sternlosen Nacht
in die tiefen Kammern des Blutes.
Dort ist kein Weg zu Apoll.
Doch auch der finstere Gott
vieler verwandter Geschlechter
rief dort dich beim Namen,
umsonst.

V

Wo aber lang
die Gefährten des Tages
ausbleiben für das Gespräch,
versagt sich endlich die Werbung
um den Geringsten.
Denn die nämliche Luft atmend,
hören wir wenig doch
voneinander. Es fällt
die Gemeinde der Sprache
unter Dämonen dahin.
Die sprechen zu Hörigen besser.

VI

Es werbe dennoch das Wort.
Nicht zum eigenen Ruhme:
Wirb um die geringe,
die heimliche Öffnung, den
schmalen Durchlaß der Engel.
Sie pflegen die Treue,
hüten das Wort uns
zwischen Verstummen und Aufschrei -
maßvoll und überzeugt,
unter dem Fittich der Taube.

VII

Noch wächst
des Besungenen keines
aus dem Herzraum zurück
in die Welt. Ein Baum,
ein ertragenes Leid
oder das Meer -
und die vielen Gestalten der Liebe.
Wir bedürfen der Zuflucht der Nacht,
in deren Atem erst blüht
die sich bildende Welt,
aus uns: gewiß
und für immer geborgen.

VIII

Immer sind seltsam gemischt
das glücklich erinnerte Bild
und die große Erwartung -
zwischen Dornen und Frucht
am gegenwärtigen Kreuzweg.
Es kümmert das Wort sich nicht
um unsere eigenste Zeit,
reißt über die Schwelle uns hin
in uralte Verknüpfung. Doch, wehe,
wir sind's nicht.

IX

Alle Erwartung im Bild,
dem wir uns sprechend verströmen,
läßt uns am Ende enttäuscht
heilsam zurück.
Anders jedoch - wenn,
um die Kehre der Zeit,
erscheint der Erwartete selbst -
zeigt sich im Aufgang auch uns,
wenn wir die Leere besteh'n.
Dann erst segnet Erfahrung.
Und wir betreten gestillt
den erweiterten Welt-Raum.

X

Du spanntest den Steg
über den Abgrund der Sinne
zwischen dir und dem hoffenden Baum.
Übtest im Wort
das junge Erscheinen der Erde;
warst zuweilen in ihm
und jenseits des Spiegels.
Doch es fällt
in des Sagens ärmeres Dasein
Jeder zurück:
Nennt die gewordene Welt,
welche doch größres erhofft
von unserem Wandel.
Einsam tönt der Gesang
über der Erde Herz -
verhaltene, drängende Saat,
bis einst der Ernte Herr selbst
eintritt in seinen Raum.

XI

Saat zu sein ist
der Sprache stilles Begehren,
nicht ihr Großtun im Bild.
Hörend von fern nämlich weckt
das heilige Wortlicht,
lautlos entbindend Gestalt
aus tönender Luft.
Und es jubelt die Welt,
endlich verstanden zu sein.
Wer vermag es schon ganz,
des Lichtes Grammatik zu sprechen,
Gold zu lösen
aus der Legierung der Laute:
zu brechen das Brot,
wie einst der Sänger im Turme -
dunkel, unschuldig und
ohne Zerstörung?

XII

Voraus war das Wort dir
dem schrecklichen Schatten -
dunkler doch auch
heilender Einsicht.
Jede des Anschauns erste Gestalt
fing zu sprechen dir an
im leise veränderten Herzschlag.
Silberner ging dort der Mond
über den Tagen dir auf.
Du riefst die Lichtung herbei
in deine Wälder aus Trauer.
Doch es nährt sich auch Trug
heimlich am Traum.

XIII

Hält der Atem
wohl an im Gehorsam,
wenn einer aufsingt, vaterlos:
daß nicht im Rausch ihm vergeh
Rauch, der stiller sich hebt
zu der heilen Figur
im lichteren Zeichen des Sternbilds?
Am Ende doch will
alles Gestaltete ruhn.
Die geschaffene Welt
will Ruhestern werden durch uns.
Schwerer deshalb
als einst verständige Götter
sind wir geprüft:
Anfänglich Schönes vergeht
vor nur wenig getrübter Erfahrung.

XIV

Fern sahst du im Traume
des Volkes trauernden Genius,
der dir im Wachen entging.
Denn er schwieg
selbst vor der ernsten Beschwörung,
die dir den bitteren Mund
aufstieß. Er wägte
mit vielen auch dich.
So riefst du ihn an.
Doch verhüllt in Gesang
vergingst du, immer noch werbend,
Trugerweckter hinan
in den helleren Tag.

XV

Vielleicht vermag erst der Tote
zu fühlen der Dinge Hingang -
mehr zu sein als sie selbst,
wenn er um Mitternacht hoch
steht unter Sternen:
neu sich zum Da-sein entschließt,
Gewesenes schauend.
Wenn er den Abstand begreift
zwischen so reichlichem Da-sein,
den uns das irdische Wort,
da wir es prüfen am Blick,
zu milde verschweigt.

XVI

Nicht von der Erde, der sprachverhüllten,
wächst uns im Munde die Botschaft.
Wir denken hinauf
zu den Äckern
zwischen den Sternen
für die geringste Bedeutung,
in der wir sprechen die Welt.
Jede ist, wie wir selbst,
Same, Versprechen und Keim.
Lebende hält
mütterlich dort das Welt-Wort
in seinem hoffenden Schoß,
daß wir sie dennoch sagen,
zeugen unsägliche Welt.
Dort, Freund, ist Heimat.
Wir gewinnen sie erst,
wie sie kein Engel gewinnt,
im Verlust,
den wir liebend bestehn.

FRÜHHERBST

Weiß ist das Licht im Nebel aufgegangen,
reifer August bewohnt den Brombeerstrauch.
Die Rosen sind von Spinngeweb behangen.
Es steigt von einem Feld der blaue Rauch.

In frischgeschnittener Gräser letztem Duft
versucht ein Falter seine vagen Flüge.
Von fern ein Hirt nach seinen Tieren ruft.
Es rauschen schon die ersten Vogelzüge.

Geläutert rinnt im stillen Maß die Zeit,
die Ackerfurchen schweigen, braun und bloß.
Nur manchmal fällt ein rotes Blatt von weit
erwachter Erde in den sanften Schoß.

NOVEMBER I

Im November,
wenn du nicht hinreichst
zu den milderen Toten:
füll ihnen den Krug
mit Geduld,
reich deinen Schmerz hin,
schmücke mit dunklem Lorbeer
vergeblicher Rühmung
den Herzraum.
Schatten geistern an der Schwelle,
Zweifel aus verhangenem Himmel
weht dir ums Haus.
Lebe,
gedulde dich,
danke -

NOVEMBER II

Es ist die Zeit des großen Blätterwehens,
der schwarzen Vögel auf den leeren Feldern;
die Zeit der Armut und des schweren Gehens
unter dunklen, schon entlaubten Wäldern.

Es erbarmt sich unser noch die Zeit.
Ein Sternbild ist beizeiten offen.
Du suchst, vom Fallen noch betroffen,
nach der Toten stillerem Geleit.

Was vergangen: wolle es nicht wecken,
jeder Abschied ist umkränzt von Güte:
Die lauten Vögel an den Dornenhecken
erfliegen jetzt das lang Verblühte.

TOTEN-WEGE

NACHRICHT

FÜR D. H.

Im Frühlicht des Todes
die letzten Inseln
aus Erde.
Worte aus Liebe,
die frieren im Hiersein.
Mehr vermögen wir nicht.
Denn bald schon
schwindet Totengehör
im Unsagbaren:
In den Atemzügen
der Engel
sprechen die Quellen.

ABEND DES LEBENS

Jetzt fällt das Licht herab in die Konturen,
Erinnerung hängt blau vor deinem Blick.
Die Zeiger deuten nicht mehr auf die Uhren,
und deine unsichtbaren Lebensspuren
führen jeden Schritt zu dir zurück.

Du bist nicht mehr in allem, was vergeht -
selbst nicht im Leuchten hinter jenem Grat.
Im dunklen Grunde wächst dir Wintersaat
aus jedem Stern, der heimlich dich versteht.

Du schaust zurück: Was einstmals du gewesen,
steigt mit dem Mond dort über kühlen Wald.
Das alte Glück wird namenlos, wird alt.
Die Nacht bricht auf. Du wirst am Licht genesen.

HERZ – KOMMUNION

Eine Hand voll Lichtstaub
aus der Sonnenbahn.
Knospe und
schwermütiger Lorbeer.
Jeder Gegenwart
zitternde Kompaßnadel
zeigt zum Sternzeichen
des Todes.
Laute du,
versunkener Nachricht
Altar, tränengeschützt,
für die Ankunft
der weißen Sonnenscheibe.

SPUREN DES JAHRES

IM ANDENKEN AN H. H. E.

JANUAR

Daß im Unerheblichen wir nicht verloren
gibt der Toten Antlitz uns Gewicht.
Selbst im Scheitern bleibst Du noch erkoren:
dunkle Nacht Dir neues Schicksal spricht.

Mußt nun wieder Deine Spuren wagen,
blendet Schnee und dunkle Krähen ziehn.
Erdenauge, hoffend aufgeschlagen,
blickt erwacht auf Deinen Wandel hin.

Keusch ein Tier flieht durch den Nebelwald,
schuldlos noch schweigt der verhaltene Schritt:
hoch die Sterne, längst erfüllt und alt,
teilen ihre letzte Klarheit mit.

Großer Bruder, der Du uns voran
aus der Ebene hinweggeschritten,
unsren Hader, Zweifel, unsren Wahn,
hast im Sterben Du uns weggelitten.

Da nicht Frühjahr ist und noch der Schnee
uns verhüllt, was morgen wird geschehen,
hast Du jedes, unbekannte Weh
schon mit neuen Augen vorgesehen.

Müssen wir auch diesen Winter kosten,
denn es schmilzt so langsam nur das Herz:
rosenfarben blüht es schon im Osten,
und Du wandelst fromm durch unsren Schmerz.

MÄRZ

Daß du noch hoffst ist beinah schon zu viel,
denn Deine Grenze ist Dir streng gezogen.
Die lange Nacht, die unser Herz befiel,
hat unterm Sternenblick uns ausgewogen.

Du wartest still, bis in der ersten Frühe
ein Wind sich auftut und Dein Feld berührt.
Ein erster Vogel singt in Deine Mühe,
und Dich Dein Schritt nun stiller weiterführt.

Aus jedem Strauch, von neuem Licht erhellt,
auf jedem Weg, den neu das Herz beschreitet,
verkündet jetzt ein Engel Dir die Welt,
da sanft Dein Nachen von den Ufern gleitet.

Umflossen von dem Glanz der hellen Frühe,
erglänzt der Tau auf jedem jungen Blatt.
Nimm Deiner Seele Farbe, male, blühe
Dein Maß zur Fülle, die die Erde hat.

Schon kommen Vogelflüge durch die selige Luft,
geheime Botschaft auf den hellen Schwingen.
Dich füllt die Welt in EINER Blüte Duft,
den Himmel hörst in EINEM Stern Du singen.

O, bleibe treu, denn auch die Blüten fallen
hin, wo die feste Erde Dich erhält.
Sieh in der Tiefe blauen Salzkristallen:
den Tempelort, von Kreuzen ganz umstellt.

MAI

Wundert's Dich nicht, daß das Feld wieder blüht?
Daß grün ein Baum vor hellem Blau erstrahlt?
Daß eine Sonne kalten Fels durchglüht
und Dir ins Herz die großen Bilder malt?

Daß rosenfarbige Wolken schwebend ziehn
und hoch im Blau der Vogel wieder singt;
daß immer wieder Deine Träume blühn,
erneute Liebe Trug und Wahn durchdringt?

O, schlage Herz im großen Herzensschlage,
der tönt aus eines dunklen Kreuzes Stamm.
Sieh: Auf der Wiese dort am Dornenhage
steht schmal und scheu ein weißes Lamm.

Rauschen in den tiefen Brunnenräumen,
längst vergangen, traute Kinderlieder.
Ahnung grüßt aus schweren Lindenbäumen
Sommer kündend zu Dir nieder.

Steht am Mittag Deine Lebensbahn,
Licht wirft Schatten auf die Sonnenuhren;
heimlich schon im Abendglanz der Fluren
hebt der Schnitter seine Sense an.

Wenn die Feuer Deinen Stolz verbrennen:
Sieh am Himmel eine weiße Taube -
lern im Licht die Dunkelheiten kennen:
dunkel auch am Weinstock reift die Traube.

JULI

Aus dem Mittag wandert schon ein Schlaf
durch der Augen müdgeword'nen Blick.
Welle, die das Ufer eben traf,
schwankt im Blau erfüllter jetzt zurück.

Blasser werden eigene Konturen
in des Sommers hoher Lichtgewalt.
In den Höhen finden sich die Spuren
zu der größeren Gestalt.

Fromm berührst Du, was Du einst gewesen,
trittst in Deines Urbilds heilges Haus.
Du beginnst die Schicksalsschrift zu lesen;
Engel rufen Deine Schritte aus.

AUGUST

Wanderer bringt vom Berg auf schmalen Stegen
Duft von blauen Blumen in das Tal.
Deine Liebe trifft auf vielen Wegen
immer wieder ihre erste Wahl.

Wasser stürzen in die tiefe Klamm,
durch die Felder kommt der Fluß gezogen.
Rosen blühn an einem dunklen Stamm,
hoch umglänzt von einem Regenbogen.

Still ist aus erfüllten Sommersinnen
Bild an Bild im Traum Dir schon erwacht.
Abend fällt, und ernst die Stunden rinnen
in der Sterne Quellenschoß, der Nacht.

SEPTEMBER

Schreite aus dem Glanz der Sommerträume
Deiner Erde Maße wieder aus:
und Du stehst inmitten aller Räume,
Sonne atmend, in der Waage Haus.

Pflüge, ehe Frost die Äcker bannt,
ihre Furchen für die Frühjahrssaaten;
denn es keimen Deine Erdentaten
in des Todes aufgehaltner Hand.

Steige tiefer zu der Tiere Stelle,
die verzaubert Deinen Willen rufen,
bis am Grunde Deiner Blicke Stufen
golden strömt die uralt-reine Quelle.

Daß wir nicht der Nähe ganz verfallen,
weht das Blau der Ferne durch die Welt.
Still vergilbt der Weg, Du siehst auf allen
Bergen Licht, das in ein Dunkles fällt.

Lindenkrone, die das Herz belaubt,
grüßt, im Ostwind klingend, Todesboten,
Lichterfüllte - und die ersten roten
Blätter schmücken Dir das ernste Haupt.

Daß das Licht sich in Dir selbst bewahre,
schwindet der vertraute alte Schein.
Nur das Eigne geht im Kreis der Jahre
in des Schicksals große Kelter ein.

NOVEMBER

Schau auf unseren Feldern Erntefeuer,
Rauch, der aus gereiften Früchten steigt;
Sommer, der sein Haupt gestillter, treuer
vor dem hellen Sternbild neigt.

Wanderer suchen nach dem nächsten Haus,
denn der Weg verweht im Nebelgrau.
Von den Hügeln schwebt das letzte Blau.
Nächtlich löscht der Wind die Kerzen aus.

Ziehen Vögel durch die Mittagsstille
Sehnsuchtstrunken in ein fremdes Land;
legt ein frommer Sternenwille
Deine Hand in meine Hand.

Noch im Mund der Myrrhe bittre Herbe
trittst Du hoffend in den stillen Raum.
Löst die Schuhe. Alter Schmerzen Erbe
schwindet an der Gnade goldenem Saum.

Schreitest wieder in der dunklen Nacht
durch die eignen, längst bekannten Orte:
Hirten haben Feuer Dir gemacht -
und ein König öffnet Dir die Pforte.

Findest Dich nach vielen Erdenjahren,
Armut tragend und vom Licht erkoren.
Nimmst den Kranz von Deinen grauen Haaren:
Denn das Kind ist heut in Dir geboren.

RUNEN

Welche Runen sind
eingeschrieben
in die Wände der Herzen?

In der Katakombe wohnt
das Zeichen des Lamms.

Die Schrift erstarrt
in Todesspeichern. Langsam
lernen wir lesen.

INHALT

OPFER-GANG

SCHICKSALS-WANDLUNG

TOTEN-WEGE